Mandala di Fuà

Carmela Parisi

L'anima che sussurra

colorando il Mandala
Poesie – Testi meditativi

Youcanprint *Self-Publishing*

Titolo | L'anima che sussurra
Autore | Carmela Parisi

ISBN | 978-88-92677-21-0

In copertina: ©Il coraggio rende liberi (Mandala di Fuà)

Youcanprint Self-Publishing
Via Roma, 73 - 73039 Tricase (LE) - Italy
www.youcanprint.it
info@youcanprint.it
Facebook: facebook.com/youcanprint.it
Twitter: twitter.com/youcanprintit

Indice

BASTI SAPER CHE ...

"Quello che all'inizio era un sogno, presto è divenuto vocazione (missione).

Gli insegnamenti che continuo a ricevere tutte le volte che medito-prego con il Mandala consentono alla mia vita spirituale interiore di fiorire e rifiorire. Il Mandala apre il canale preferenziale con la Sorgente divina, facendomi "conoscere" verità e principi della Vita, svelandomi il mistero della Creazione, Armonia, Bellezza e Perfezione di tutto quello che nasce da un atto di Amore. Talvolta questo percorso è faticoso, altre volte tra lacrime di gioia intrise di stupore e meraviglia si rivela una passeggiata a braccetto con l'anima."

Un foglio bianco, una matita, una tea-light e la mano inizia a danzare tra cerchi, linee. Realizzando i Mandala, in unione con la parte più profonda, la mano trascrive i *sussurri dell'anima,* acqua viva che sgorga dal cuore.

NOTE DELL'AUTORE

Mettiti comodo, postura eretta ma non rigida ... lascia che fluidità e morbidezza scorrano nel tuo corpo ... rilassati ... direziona l'attenzione esclusivamente sul respiro ...

"Aria che entra ... ed esce ... Inspira ... ed ... ... Espira ... ancora ... Inspira ... ed ... Espira ... ... (3 v.)".

Ora come a rallentatore chiudi gli occhi ... lasciati guidare dalla voce in questa esperienza di raccoglimento interiore ... ...

ad ogni respiro ti rilassi sempre di più ...

ogni parte del corpo si rilassa e si abbandona ad uno stato di rilassamento profondo ...

... ... Ora il respiro si fa più profondo ... ...

La musica del silenzio via via crea spazio nel cuore ...

lascia che tutto emerga, affidati con apertura del cuore; vivi l'esperienza.

Si suggerisce la lettura consapevole delle poesie e dei testi meditativi; le pause sono rappresentate dai punti sospesi[1]. Laddove, pensieri, agitazione dovessero affiorare in superficie, abbandonati al flusso naturale del respiro; *"aria che entra ... ed esce ... inspira ... ed ... ... espira ... ancora ... inspira ... ed ... espira ... ..."*

[1] Per chi desiderasse lasciarsi guidare dalla voce-guida de "L'ANIMA CHE SUSSURRA" si suggerisce la versione audiolibro, edizione Youcanprint.

LA FEDE METTE LE ALI AI SOGNI DEL CUORE

Respiro il vuoto ... ascolto il silenzio ...
sono nel cerchio di Luce interiore ...
ovattato nella pace e nell'armonia ...
nella gioia e nell'Amore. ...
È il preludio di una fioritura:
la rosa delle passioni!
Ma dov'è quel fiore danzante ?...
che si schiude al sole ... che non si spezza al vento
... che resiste alle piogge abbondanti. ...
Una Luce verde smeraldo ...
Luce di guarigione ...
illumina il tempio ... la forza è là.
I tempi sono maturi. ...
Ciascun petalo si apre alla danza della vita ...
creo, ... coloro, ... scrivo, ... medito. ...
Sono Luce, dentro e fuori, ... e nella Luce danzo la
vita. ...
Portali si aprono lungo il mio cammino ...
ad ogni respiro ... radico in me fiducia e speranza
... e rilascio gratitudine alla vita. ...
Procedo nella pace e nella gioia ...

certa di abbracciare la Luce ... sempre più in alto ...
e ... possa rivelarmi tesori nascosti ...
sogni nel cassetto dell'Universo ...
che Dio ha in serbo per me ...
aspettano solo l'invito fiducioso del cuore.
Una Luce bianco-dorata ... delicata ma intensa mi avvolge. ...
Ogni parte del mio essere danza,
esulta con gioia infinita e partecipa alla
Staffetta degli Angeli:
le ali della Fiducia ... della Speranza ... rinforzano le ali della Fede.
Dal cuore sogni e desideri si elevano all'Universo
...
portano messaggi di Amore ... condivisione ... unione. ...
Nel cielo tutti sono all'opera ...
gli Angeli con un fare soave e silenzioso ...
realizzano un ponte di Luce: dal cuore al cielo infinito ...
dove l'Universo accoglie i sogni ... li illumina ...
prendendosi cura dei dettagli per restituirli ... con

la sua Grazia ... nella veste di Luce della manifesta-
zione ...
in armonia con il piano divino.

L'AMORE DEL BAMBINO CHE È IN TE

Mi ritrovo a percorre un sentiero immerso nel verde ... regna Pace ... tutto sembra paradisiaco ... fiori ... animali. ... Procedo fiducioso i colori mi avvolgono ... respiro ogni colore ... ogni parte del mio essere si allinea alla vibrazione del colore: ... verde delle foglie, ... rosa dei petali, ... azzurro del cielo terso, ... giallo tiepido del sole al sorgere del mattino, ... giallo vivo dei fiori. ... Alla fine del sentiero c'è un ponte, lo attraverso. ... Man mano avanzo sento, vedo, percepisco un fascio di Luce bianco-dorata, ... mi avvolge; l'energia si eleva alla frequenza del cuore: ... leggerezza, ... pace, ... fiducia, ... diventano miei compagni di viaggio.

Alla fine del ponte, in lontananza, intravedo un tempio ...tutto di cristallo .... lo riconosco ...è il mio tempio. ... Procedo nel silenzio. ... Giungo all'entrata ... leggo sul portale "TEMPIO DELLA PACE" ... ... non appena varco l'entrata il silenzio si trasforma in canto melodioso; ... sono in un'altra dimensione ... più sottile; ... quel silenzio diventa una voce-guida, ... invita a sedermi sul trono di

cristallo vicino all'altare ... e soavemente sussurra:
... *"Vedi quelle porte, ognuna di esse racchiude quello che devi ancor lasciar andare per celebrare la PACE nel tuo tempio ... quando ti senti pronto ...fai un profondo respiro apri una o più porte ... e stai ... stai ... accogli il messaggio del custode di ciascuna porta ...e lascia andare ... ... ora con cuore leggero ritorna al trono."* ...

Seduto sul trono un fascio di Luce VIOLA - ROSA – DORATA avvolge, ... illumina, ... riscalda; ... una PACE mi pervade ... è una Pace intrisa di un Amore grande, ... di una gratitudine infinita; ... un mistero che si vela di Luce, invita ad alzarmi ... a protendere le braccia con i palmi delle mani verso l'alto; ... la Luce penetra dai palmi delle mani .... scende .... giù giù... per tutto il corpo. ...

Mi inginocchio alla Luce, porto le mani sul Cuore e dopo aver ringraziato la voce-guida ... riprendo la strada del ritorno con la Pace nel cuore; ... attraverso il tempio, ... riprendo il ponte; ... il ritorno è più veloce ...... in questo spazio ... Qui e ora.

GREMBO DELLA VITA

Affondo le mani nella terra ... umida ...
soffice culla di tanti semi ...
con cura li ricopro ...
con pensieri di Amore li nutro ...
con lacrime di speranza l'innaffio. ...
Il giardino è immenso ...
grandi piante da potare ...
rami secchi da tagliare ...
foglie da raccogliere. ...
Quanto marrone, ... rosso, ... arancio, ...
giallo, ... porpora ... e vinaccia: ...
i colori della terra d'autunno, ...
l'autunno della vita!
Ogni stagione porta in sé il suo dono, ...
il suo mistero, ... la vita stessa è mistero che nasce
nel grembo, ...
là, dove il cuore di una nuova vita pulsa, ... scandi-
sce il ritmo della vita stessa. ...
Respiro ... battito ... si allineano al ritmo ancestrale
dell'Universo ...
Celebro la donna che è in me, ...

celebro la vita. ...

La fiamma della passione è un inno alla vita.

Tutto è regale ... sacro ... rispettoso, ...

mi inchino alla Terra ... e mi elevo al Cielo: *" vita alla vita ".* ...

Consapevole del mio valore, ...

del mio potere: figlia della Luce della vita ... che porta la vita. ...

Lacrime di gioia ... solcano calde il viso di una donna bambina.

Una corona di Luce illumina il capo, ...

la Luce si diffonde ... scende dritta al cuore, una porta dorata si apre all'Amore per me stessa ... il mio corpo ... la mia vita passata. Un soave profumo di vita gioiosa si effonde inebriando il cuore ... illuminando la mente ...

risvegliando una vocina che sussurra:

Ricorda chi sei !

Tu sei gioia ... risata ... cuore che si illumina, la tua passione è un fiume di fuoco che accende tutto quello che incontra ...

lascia che tutto scorra ... lascia andare, ... guarisci dalla dipendenza, ...

evita la resistenza porta solo sofferenza, ...
asseconda l'impermanenza, ...
riconosci la tua essenza, ...
fortifica la pazienza, ...
coltiva speranza ... costanza ... perseveranza. Allarga le braccia e preparati a ricevere solo abbondanza nella vita. ...
Donna, ricorda, ogni giorno dai alla Luce la vita !

QUANDO LA PAURA BUSSA LASCIO FILTRARE LA LUCE DELL'AMORE

La paura ingabbia, ... confonde, ... fa perdere il contatto con la bussola del cuore ... ...

e chiude le porte al cielo, ... al sole ... e alla Luce. ...

Ogni strada che intraprendo ... è una catena montuosa, ... una salita infinita. ...

Solo il pensiero di avviarmi mi immobilizza ... ... facendomi precipitare nel buio. ...

Regna solo l'oscurità ... ... senza via d'uscita. Sono immersa nel buio. ...

Un buio che già conosco, ... vuole darmi un messaggio, ...

i pensieri ossessivi della mente ... creano troppo frastuono per poterlo cogliere. ...

Procedo nella palude melmosa, la speranza di raggiungere la vetta, la Luce, è sempre più fievole. ...

Ad un tratto ... sento di aver compreso tutto ... mi faccio coraggio ancorandomi ad un filo d'erba....

Speranza acerba: ... ... è solo una scorciatoia della mente, ... sempre pronta a distogliermi dalla strada della vera guarigione. ...

Lo sfinimento diviene arrendevolezza alla vita, ... al suo flusso, ... all'energia, ... alla Luce ... che non mi ha mai abbandonato ...

Ed ecco che le montagne non sono più invalicabili, ... ma piacevoli vette da raggiungere,

intervallate da distese che invitano alla riflessione, ... alla contemplazione del viaggio della vita ... alla ricerca della pace che fa abbracciare il Cielo, ... il Sole non prima di aver reso Grazie alla Terra che sostiene. ...

Come uno spettatore ... osservo le immagini del film della Vita che scorrono sullo schermo del cielo ... ... illuminato ora dal sole ... ora dalle stelle e dalla luna. ...

La fiducia nella Luce ... è soffio di vento e mi fa aprire le ali del cuore offrendomi una nuova danza ... sulle note elevate dell'Amore. Danza fluida che si colora ora di verde, ... ora di azzurro, ... argento, alternando arancione, ... rosso, ... giallo, ... bianco, ... oro.

Tutto è in continuo divenire. ... ...
Sono immersa nel flusso della vita. ... ...
Questa verità è l'antidoto alla paura ... ... eterno
legarsi immobile alla mancanza di Amore. ...
Quando la paura bussa ... lascio filtrare la LUCE
dell' AMORE.

DISSOLVO LA RABBIA CON LA FIACCOLA DELLA CONSAPEVOLEZZA

Non bussa, ... irrompe con tutta la sua potenza, ... irruenza.

Colpisce, ... ferisce, ... distrugge.

È un demone recluso da anni.

Vuole farsi conoscere, ... vuole urlarti qualcosa. ...

Apri la porta e orienta la Luce ... ... nella direzione in cui sta per divampare il fuoco della rabbia. ...

Prendi la fiaccola della consapevolezza e dirigi respiro e ascolto. ...

Osserva senza paura, ... senza vergogna ... ad ogni inspirazione la prendi per mano, ...

la consoli, ... l'abbracci ... e ad ogni espirazione ... percepisci che si sta sciogliendo, ... diviene sempre più calore fluido; ...

perde il rosso ... per abbracciare il giallo, il rosa. ...

Il bagliore rosato dell'alba di un nuovo giorno avvolge la furia rossa della rabbia. ...

Godi del soffio della vita, fatto di accettazione, ... compassione ... e perdono. ...

Il respiro che entra ...   porta pace e Amore, ... e il respiro che esce ... libera pace e Amore intorno a te. ... ...

LATENTE, SILENTE,
IL CORAGGIO È SEMPRE DENTRO DI TE

Tante volte latente, silente, ma presente.
Aspetta solo il raggio di Luce del lume della consapevolezza: ...
slancio che porta fiducia in se stessi ad ogni respiro. ...
Inspiro ... e lo radico ... dentro di me,
attingendo dalla terra la linfa vitale ... ...
espiro ... e con le braccia protese verso il cielo, il sole, ...
lo sento fluire per tutto il corpo, ...
anche i corpi più sottili vibrano di coraggio.
Il coraggio rende liberi.
Liberi di amarsi, amare la vita e lasciarsi amare.

IL SOLDATINO DI PIOMBO E LA REGINA

Sta arrivando ... l'aspettavo ... sentivo il suo avvicinarsi strisciante e pesante.

Ha ostruito la strada, ... ha chiuso porte e finestre impedendo alla Luce di filtrare.

È là il soldatino di piombo, ... aspetta di vedermi nuotare nel fiume di lacrime,

annegare nella sofferenza e nel dolore. ...

E' sempre più grigia e pesante la sua presenza ... una costante ormai !

Immobile osserva. ... Ora è lui a guidarmi. ... È lui il mio faro, tra lacrime e dolore mi porta verso l'isolamento.

È sempre là a farmi da guardia ... con il suo scudo intimorisce ... azzittisce, ...

quasi a impormi di restare ferma ... in silenzio.

Sono sola ... un puntino su un'isola sperduta. ... Dov' è il faro Speranza? ...

La mia vista appannata dal velo di lacrime non riesce a scorgerlo.

Ovunque tutto è ripetizione del vuoto, ... del dolore ... e dell'apatia. ...

Faccio appello alle mie forze ormai provate; ...

esaurisco l'ultima riserva di energia; ...

ripiombo nella tristezza più profonda. ...

Lo scenario fatto di dolore, ... lacrime, ... isolamento, ... sofferenza, questa volta è diverso ... una Luce, seppur flebile illumina l'angolo solitario occupato dal soldatino di piombo. ...

Eccolo! Si inchina e lascia passare la sua Regina: mi viene incontro ... con fare mesto e delicato ... con un cenno degli occhi ... la invito a venirmi più vicino affinché possa riconoscerla, ... vederla in tutta la sua interezza ... in ogni fattezza. ...

L' accolgo con il suo nome: ben ritrovata TRISTEZZA, Regina del vuoto che porta Pienezza.

La Luce diviene più intensa ... luminosa e illuminante. ...

Le lacrime ora ... lavano, ... leniscono, ... guariscono ferite antiche.

Nella pace e nella leggerezza del cuore riprendo la strada della vita, ...

sul ciglio il soldatino sorride ... soddisfatto e compiaciuto di assistere all'ingresso trionfale ... al mio fianco ... La Regina.

MESSAGGIO D'AMORE

Man mano respiro sento dentro di me, nella parte più profonda, là nel centro del petto dove bussa il cuore, sbocciare un fiore ... delicato ... profumato ... lo riconosco è ... una rosa ... di colore ROSA. ... Un rosa morbido, ... vellutato. ... È avvolgente il suo colore. ... Più respiro, più mi sento io stesso il fiore ... la rosa. ...

Dall'alto un raggio di Luce dorata passa dal terzo occhio (là in mezzo alle sopracciglia) ...scende ... giù .... giù ...fino al cuore che si illumina ... ed ecco che il suono del silenzio è il preludio della compassione, ...perdono, ... fiducia, ... accettazione, ... pazienza. ...

Offro Amore, ... compassione, ... perdono, ... fiducia; ... offro petali di rosa profumati e scrivo su ciascuno di essi, con raggi di Luce dorata, parole ... messaggi ... dolci vibrazioni del cuore. ...

Osservo ogni petalo, delicato, ... morbido, ... luminoso, diventare energia di Amore; ... li osservo ondeggiare in una nuvola delicata. ... Ora, una brezza lieve ... intrisa di un profumo soave ... li porta via lontano. ... ... Ogni petalo porta un messaggio d'Amore, ... seguo le spirali che formano nel cielo, ... seguo il volteggiare nell'aria. ... Dove si posa il petalo della fiducia? ... Quello della speranza? ... Chi ha raggiunto il petalo del perdono e della .... compassione, ... comprensione, ... accettazione, ... rispetto, ... fiducia, ... pazienza? ...

Ogni petalo si colora di queste vibrazioni ... si arricchisce dei loro profumi e ... vola nell'aria .... e ancora: .... petali di Pace, ...di guarigione interiore e fisica, ... petali che portano sorriso ...e gioia ... a chi ....   petali che portano messaggi di abbondanza. ...

Ogni petalo là dove si posa, ... porta in sé tante rose d'Amore ... delicate, ... amorevoli, ... rispettose, ... accoglienti, ... generose; ... sono a loro volta semi di rose di petali di Amore....

Ogni petalo è un abbraccio. ...

Quanti abbracci da donare! ... Quanti abbracci da ricevere! ... Chi sta aspettando il tuo abbraccio? ... Chi, ... quale progetto, quale situazione devi accogliere ancora nel cuore ... curare ... coccolare? ...

I petali volteggiano nell'aria ... si TRASFORMANO
in Luce e Amore; ... in tutte le situazioni, eventi ....
le persone rivelano un cuore luminoso che sorride
e lentamente ogni ferita guarisce. ...
Mi lascio avvolgere da un profondo silenzio ... un
canto si leva da ogni cuore e risveglia all'Amore, ...
alla Pace, ... al Perdono, ... alla Riconciliazione, ... a
nuove possibilità, ... alla certezza che tutto si com-
pia. ...
Tutto si sintonizza al sacro suono dell'Amore.
Assaporo questo dolce sentire che mi avvolge ...
mi pervade, portando pace, ... gioia, ... beatitudine
nel cuore.
Accolgo con immensa gratitudine questi segni di
Amore che mi giungono dall'Universo ... con cui
mi sento sempre collegato ... con il respiro e con il
cuore ...
respiro battito – battito respiro.

DOLCE CULLARE IN QUESTO MARE

Uno sguardo al porto, ... la terra ferma da cui mi sto allontanando, ...

la stessa terra su cui fino a ieri tutto era stabile, ... sicuro. ...

Una terra ormai arida, ... brulla, ... fin troppo immobile, ... stagnante. ...

Respiro ... attingendo coraggio dal basso .... fiducia dall'alto. ... ...

Inizio il viaggio in alto mare. ...

Le onde ... imponenti e minacciose sono ancora lontane. ...

Più mi addentro ... più i flutti agitati lambiscono la mia nave. ...

Improvvisamente mi travolgono, ...

mi fanno scivolare nel mare agitato e impetuoso delle emozioni. ...

Cado, ... mi rialzo, ... cado ancora ... e ancora. ... ...

Perdo le forze, ... non riesco più a recuperarle. ... ...

Mi sento persa e confusa, ... mi arrendo alla vita ... ... tra flutti ... e risacche ...

mi lascio trasportare dall'alta marea ...
fiduciosa che presto giungerà la bassa marea:
dolce cullare in questo mare. ...
Il sole sorge ... ... alto e maestoso. ... ...
La sua Luce... prima infonde coraggio ...
Via via ... illumina il viaggio, ...
riscalda il cuore, ...
scioglie ... ogni resistenza ... e dolore, ...
illumina ... ogni pensiero, ...
risveglia l'angolo più nascosto del cuore. ...
Una lieve brezza mi accompagna, ...
tra spruzzi di acqua che rallegrano il cuore,
invita, con voce alta e festosa, la mente:
issa le vele e vai !!!
La mente si illumina, ... lungimirante prende il ti-
mone, ...
punta alla Luce del faro del porto che affiora
all'orizzonte. ... ...
Una nuova terra sto per esplorare, ... la terra ....
dei sogni del cuore. ... ...
Sono illuminata dalla Luce del Signore che mi
sussurra:

"Abbi fiducia ... Attraversa ... questo mare, ... è
un dolce cullare. ...
Una nuova meta ti aspetta ... ... non avere fretta."
... ...

MI ARRENDO E MI AFFIDO

Per lungo tempo ho combattuto,
a troppe persone ho resistito, sono sfinito.
Credenze e posizioni ho difeso
per ritrovarmi solo, sempre più confuso.
Più volte ha bussato, più volte mi ha invitato
ma io là, ancorato alle mie convinzioni,
ho tradito intuizioni ed ispirazioni.
Ma quando la stanchezza mi ha fatto scivolare
nell'arrendevolezza,
le sono andato incontro,
le ho preso la mano ed insieme abbiamo danzato
la vita.
È bello lasciarsi trasportare senza paura
e senza resistenza nel mare dell'esistenza.
Mi arrendo, mi affido ...
è la fiducia a danzare con me la vita
sulle note del canto dell'Amore.

LA VITA MI PARLA ATTRAVERSO
IL MANDALA

Cerchio e quadrato si cercano, ... si intersecano,
... si allontanano e si riavvicinano: ...
è la vita che parla attraverso il mandala. ...
Quando sono sicuro di aver chiuso un cerchio, ...
un ciclo della vita, ... ed esulto per l'equilibrio e
l'armonia raggiunti, ...
ecco gli eventi mi spingono verso una nuova ricerca di equilibrio. ...
Una nuova quadratura del cerchio mi attende
con le sue sfide,... le sue spigolosità, ...
ma anche con le sue comprensioni, riflessioni.
Finalmente una consapevolezza che richiede
tanta accettazione ... e fiducia ...:
il fluire della vita è una continua ed incessante
danza tra gli opposti. ...
Ora attingo alla stabilità della Terra ...   (il
quadrato). ...
Ora mi elevo alla saggezza del Cielo ...
(il cerchio). ...

Respiro ... mi sento accolta e nutrita da Madre Terra ...
consigliata e guidata da Padre Cielo, ...
linee rette si sposano con linee curve, ...
angoli con archi, ...
nel disegno danzante della VITA.

ORIENTO LA BUSSOLA DEL CUORE

Sono in riva al lago, ... è una notte limpida e serena, ... il cielo è una coperta indaco, costellata da miriadi di stelle ... fa da regina la Luna nella sua veste bianco-argento. ... La sua Luce lambisce l'acqua ... è uno specchio di straordinaria bellezza, ... sulla destra c'è un pontile ... vi è una piccola barca attraccata, ... mi dirigo verso la barca, ... c'è qualcuno ad attendere, mi aiuta a salire. ...
Silenziosamente parte nel mistero della notte. Giunge all'altra sponda ... mi aiuta a scendere dalla barca. ... Ecco sulla destra un sentiero illuminato da candele ... il profumo soave dei gigli bianchi mi invita e fiducioso procedo. ...

Respiro il colore e allineo la vibrazione ... verde brillante della vegetazione rigogliosa, ... bianco candido dei petali, ... blu indaco della notte. ... Alla fine del sentiero ... c'è un ponte ... lo attraverso avvolto dal fascio di Luce bianco-dorato-argento ... inebriato dal profumo dei gigli sempre più delicato e deciso ... giungo in una radura ... in lontananza c'è una cascata.

Mi avvicino ... intravedo una grotta ... l'acqua baciata dai raggi argento della Luna ... lava, libera, dona leggerezza e pace. ... Entro nella grotta, ... il silenzio si trasforma in melodia, la melodia in una voce-guida ... e sussurra: *"Guarda intorno ... prendi uno o più oggetti, ascolta il messaggio giunto al cuore"*. ...

All'improvviso una Luce intensa mi avvolge ... la voce-guida: *"Bene ora hai trovato cosa ti manca ... mettiti in moto e realizza i tuoi sogni ... non hai più nulla da temere"*. ...

Pace, Gioia e Gratitudine ricolmano il cuore. Mi concedo dalla voce-guida, riprendo la strada del ritorno ... il ponte, ... il sentiero; ... ad ogni respiro avanzo velocemente, ... sono già sulla barca ... avvolto nel silenzio della notte ... sempre accompagnato dalla presenza vigile ed amorevole della Luna; ... ancora un respiro profondo ...mi ritrovo sulla riva, ... un altro respiro e ... mi ritrovo in questa stanza ... in questo spazio... Qui e Ora nella pace e nella gioia del cuore.

SONO NEL FLUSSO, INSPIRO ED ESPIRO

Inspiro ... ricevo il soffio della vita ... apro me stesso a tutti i doni che la terra fisica, l'universo fisico, i cieli e tutte le dimensioni hanno da offrirmi. ...
Vedo, ... sento, ...percepisco ... con tutto me stesso.
Sentieri, ... corridoi, ... si dipanano davanti ai miei occhi ... l'energia della pura consapevolezza scorre, fluisce ... per servirmi.
È un semplice respiro del ricevere consapevole, ... in presenza, ...viene dal cuore ... senza tecnica. ...
Per bilanciare ... espiro... fiducia e Amore dal cuore, dentro e intorno a me. ...
Sto attivando un processo straordinario, ...il processo di *consapevolezza elevata.* ...
Sto interagendo con l'energia dell'Universo. Sono energia nell'Universo. ...
Fluisco con l'energia dell'Universo ... con la vita ... che si contrae e .... si espande. ...
La consapevolezza di ricevere *richiama_*l'energia a me ... la consapevolezza di dare ... *dirige* l'energia fuori di me e intorno a me. ...

Respiro nella Luce della consapevolezza il RICEVERE ...

espiro nella Luce della consapevolezza il DARE. ...

Più sono nel flusso del respiro del dare e ricevere ... più sento di attivare tutte le energie nella mia vita. ...

La consapevolezza del respiro nel flusso del dare e ricevere sta spianando la via affinché l'energia raggiunga il livello materiale, la realtà.

Consapevolmente attivo il respiro del ricevere ed .... espiro fiducia e Amore.

Lasciando che tutto accada, mi faccio da parte: ... l'Universo fa tutto per me. ...

Nella fiducia osservo tutto quanto sta arrivando e si manifesta.

Energia e Consapevolezza stanno lavorando con me ... per me ... attraverso di me ... dentro e fuori di me. ...

Hanno sempre lavorato in questo modo e lavoreranno in questo modo per sempre.

La consapevolezza è dono divino.

Divino è il Maestro e il Maestro raccoglie tutte le energie al suo servizio.

Sono consapevolezza.

Tutto accade ... osservo, ... osservo semplicemente, ... confidando nella sincronicità della vita, disegno divino.

LASCIO ANDARE CON AMORE

Non è più danza la vita ... ...
è rincorrere, fuggire ...
nascondersi, mettersi in mostra ...
mugolare, urlare ...
La Luce ... ha lasciato il posto al buio,
la chiarezza ... alla confusione,
i sogni ... agli inganni.
Cosa mi resta? ...
Prego, ... invoco. ... ...
Un fascio di Luce blu, ...
tagliente come una spada, ...
delicata come una piuma, ...
inizia a volteggiare nelle stanze: ...
MENTE cerca conforto al CUORE ... ...
CUORE chiede controllo alla MENTE. ... ...
Pulisce, ... elimina ... e cancella. ...
Mi affido ... ... e pian piano
riaffiora la Luce, ... è bianco-dorata,
illumina un angolo, ... poi un corridoio ...
una stanza ...
e poi un'altra. ...

È una Luce di guarigione. ... ...
Tutto abbraccia, ... accoglie ... e trasforma. ...
Nella pace e nell'Amore lascio andare.

IL FARO DELLA VITA

Mulinelli mi avviluppano ... mi trascinano sempre
più in basso.
Fondali che già ho esplorato ...
Un moto profondo ... mi catapulta su una scoglie-
ra sottomarina, ...
solitaria si erge una roccaforte. ...
Non riesco a sfuggire all'impeto della corrente;...
mi spinge con forza in un salone; ...
quanti libri dimenticati ... sgualciti dalla vita ... dalle lacrime. ...
Raccontano le storie che hanno colorato la vita di
... pianti, ... tradimenti, ... abbandoni, ... rifiuti, ...
paure. ...
Ogni stanza accoglie una copiosa raccolta di vita ...
sfoglio velocemente ...
e velocemente mi assale l'impulso di   scap-
pare, ...
riemergere in superficie ...
dove tutto è più calmo ... in apparenza. ... ...
Respiro la vita, ... recupero le forze. ...
Il sole riaccende la gioia di vivere ...

fino a quando ... un altro tsunami mi travolge.

Affondo ...

tocco il fondale ...

conosco la strada ...

mi lascio condurre nella roccaforte ...

riprendo qualche volume ... rileggo ... rivivo il mio vissuto ...

perdo le forze, riemergo. ...

Devo respirare. ...

Ad ogni immersione, ora anche consapevole, la roccaforte si svuota. ...

Ecco sfilare davanti a me: ... ...

rabbia, ... tristezza, ...

sensi di colpa, ... vergogna, ...

impazienza, ... sfiducia. ...

Li accompagno al piccolo cimitero, ... onoro, ... ringrazio ... e saluto le emozioni passate a nuova vita. ...

Ora nella profondità ... intravedo oasi di pace, in lontananza un Faro. ...

Lo riconosco ... è sempre stato lì, ...

mi ha sempre illuminato, ... guidato, ...

ha sempre offerto il suo aiuto ...

durante ogni mareggiata ... ogni immersione.
Fa intravedere le radici cui rampicarmi ... per riemergere alla vita. ...
Il mare è calmo ... eppure tutto è in continuo divenire. ...
Fiori di loto rosa ... forti e delicati ... mi sostengo-
no, ... respiro il loro profumo. ...
Il rosa morbido e vellutato dei petali mi avvolge, ...
il verde delle foglie mi accoglie, ...
una brezza soffia delicata.
Ogni parte del mio essere si risveglia al vento della
guarigione ... ...
dell'amorevole accettazione. ...
Il sole spalanca le porte, ...
dissolve le ultime nebbie, ...
dirada le nubi.
Morbidi cuscini affollano il cielo. ...
È da qui che gli Angeli mi osservano, ... mi ascolta-
no, ...
sempre pronti a venire in mio soccorso ...
con infinito Amore .

TERRA E CIELO SONO DENTRO DI ME ...
E INTORNO A ME

Io sono presente, ... ad ogni respiro ... sono qui
... presente a me stesso...
Inspiro, ... radico dentro di me l'essere presente
a me stesso.
Mi concentro sul ritmo del respiro, ... aria che en-
tra, ... aria che esce. ... ...
Inspiro forza, ... coraggio.
Percepisco la connessione con linfa vitale della
Terra: ...
nutre, ... sostiene ogni parte del mio essere.
Il mio corpo è sano, ... forte ... ...
È qui che si erge il tempio dell'Anima. ....
Il ritmo del respiro si allinea al battito del cuore:
... respiro battito – battito respiro ...
via via allineamento e centratura si estendono in
ogni dove, ... in ogni corpo sottile e ... ... una Luce
arcobaleno avvolge il mio corpo.
Terra e Cielo sono dentro di me ... e intorno a me.

NOTE CONCLUSIVE

Il Mandala conosciuto in occidente quale strumento di armonizzazione del Sé, esclusivamente di ausilio per la psiche, per Fuà, il Mandala consente all'individuo, con *l'aiuto della mente*, di prepararsi, purificarsi, trascendere ed elevarsi per riabbracciare lo Spirito, fonte di Luce, Sorgente di vita.

Colorando i Mandala di Fuà, attraverso il processo di individuazione dei tanti sé per ritrovare il vero Sé, l'individuo riscopre lo spirito autentico del Mandala: avvicinare l'uomo allo Spirito.

Carmela Parisi è l'unica formatrice del corso di formazione professionale "Facilitatore Mandala®" nonché ideatrice del metodo Mandala di Fuà nella relazione d'aiuto. Il metodo è finalizzato alla promozione, alla crescita, allo sviluppo, alla maturità in direzione dell'autonomia dell'individuo.

Il percorso formativo ha lo scopo di garantire al partecipante il raggiungimento delle competenze fondamentali per "facilitare" l'individuo, il gruppo con il fine di promuovere ed evocare le potenzialità attraverso un percorso d'aiuto consapevole alla persona con il Mandala.

Il percorso è certificato da un attestato ed è valevole per l'iscrizione nel registro unico Facilitatore Mandala® tenuto in Italia presso l'Aspin – Centro di Ricerca Erba Sacra.

Finito di stampare nel mese di Agosto 2017
per conto di Youcanprint *Self-Publishing*